Motivhausschuhe stricken & verfilzen

Egal ob Rennautos in Juniors Lieblingsfarbe oder die gefährliche Hausschuh-Variante in Form von Tigerkrallen – diese Hausschuhe finden schnell ihren neuen Besitzer.

Auf dicken Stricknadeln werden die Modelle nach der ausführlichen Anleitung schnell gestrickt und verziert. Anhand der Maßtabelle lassen sie sich auf alle Größen übertragen. Anschließend werden sie in der Waschmaschine verfilzt und sind dadurch strapazierfähig und warm.

Machen Sie sich ein paar schöne Stunden und stricken Sie Ihren Lieben Hausschuhe, die es so nirgendwo zu kaufen gibt. Vielleicht sitzt dann irgendwann ein Igelpaar in Ihrem Schuhschrank und wartet auf seinen Einsatz, oder süße Katzenhausschuhe stehen neben dem Bett einer kleinen Maus und warten darauf, dass sie morgens aufwacht.

Ich wünsche Ihnen viel Spaß beim Nachstricken!

Susanne Schmalenberg

Rennautos

→ wer hat die schnellsten Hausschuhe?

GRÖSSE
23 (45)

MATERIAL
- Anchor Wash+ Filz-it! in Blau (Fb 13), 100 g, Weiß (Fb 02), 50 g und Rot (Fb 19), 250 g
- Filz in Schwarz, Weiß und Blau, 1 mm stark
- Filz in Schwarz, 4 mm stark
- Sticktwist in Schwarz
- Textilkleber
- Rundstricknadel Nr. 8
- Nadelspiel Nr. 8
- Häkelnadel Nr. 5
- Sticknadel
- Schere

VORLAGE SEITE 37

Hinweis: Die Angaben für die 2. Größe stehen in Klammern. Ist nur eine Zahl angegeben, gilt sie für beide Größen.

Anleitung

20 (38) M in Azur (Rot) anschlagen. Je 7 R in Blau, Weiß, Blau (39 in Rot) glatt rechts mit der Rundstricknd str. Nun alle M auf das Ndspiel verteilen, dabei nach der 1. M und vor der letzten M je 1 M zunehmen. Es sind nun 1x 6 M, 2x 5 M, 1x 6 M (4x 10 M) auf den Nd. Anschließend 2 Rd in Weiß, 4 Rd in Blau, je 5 Rd in Weiß und in Blau (34 Rd in Rot) str.
Für die Spitze jeweils die ersten 2 M jeder Nd rechts zusstr, bis auf jeder Nd noch 2 M übrig sind. Den Faden abschneiden, mit der Häkelnd die restlichen 8 M zusziehen und innen fest vernähen.
Die Fersennaht in Blau (Rot) mit der Häkelnd schließen. Alle Fadenenden innen sauber vernähen.
Den zweiten Schuh ebenso fertigen.

Waschen

Bei 40 °C in der Waschmaschine 1x waschen (siehe Allgemeine Erklärungen).

Fertigstellen

Für die Reifen je 8 Kreise, ø 4 cm, aus dem Filz in Schwarz ausschneiden und mit dem Sticktwist in Schwarz seitlich, nur in der Mitte der Kreise, an die Hausschuhe nähen. Für die Radkappen je 8 Kreise, ø 1,5 cm, aus dem Filz in Blau (Weiß) ausschneiden und auf die Mitte der Kreise über die Stiche mit Textilkleber fixieren.
Für die Nummern je 2 Kreise, ø 4,5 (6,5) cm, aus dem Filz in Blau (Weiß) je 2 Nummern (nach Vorlage) in Schwarz ausschneiden. Die Nummern auf die Kreise und die Kreise auf die „Motorhaube" kleben.

vodafone
Mobil
AMG

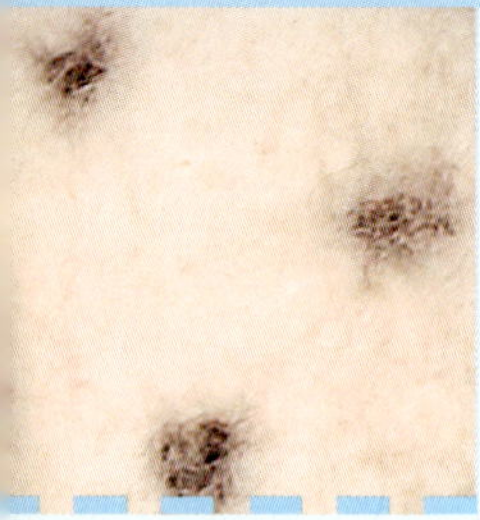

Dalmatiner

→ gib Pfötchen!

GRÖSSE
24 (44)

MATERIAL
- Anchor Wash+ Filz-it! in Weiß (Fb 02), 150 g (250 g) und Schwarz (Fb 01), 50 g (50 g)
- Sticktwist in Schwarz und Rot
- je 4 Teddy-Augen aus Glas, ø 1,6 cm (2 cm)
- je 2 Pompons in Schwarz, ø 1,6 cm
- Rundstricknadel Nr. 8
- Nadelspiel Nr. 8
- Häkelnadel Nr. 5
- Sticknadel
- Schere

Hinweis: Die Angaben für die 2. Größe stehen in Klammern. Ist nur eine Zahl angegeben, gilt sie für beide Größen.

Anleitung

20 (38) M in Weiß anschlagen und 21 (37) R glatt rechts mit der Rundstricknd str. Nun alle M auf das Ndspiel verteilen, dabei nach der 1. M und vor der letzten M je 1 M zunehmen. Es sind nun 1x 6 M, 2x 5 M, 1x 6 M (4x 10 M) auf den Nd. Anschließend 18 (33) Rd in Weiß str.
Für die Spitze jeweils die ersten 2 M jeder Nd rechts zusstr, bis auf jeder Nd noch 2 M übrig sind. Den Faden abschneiden, mit der Häkelnd die restlichen 8 M zusziehen und innen fest vernähen. Die Fersennaht in Weiß mit der Häkelnd schließen. Alle Fadenenden innen sauber vernähen.
Den zweiten Schuh ebenso fertigen.

Vor dem Waschen für die Ohren in der vorderen Mitte des Einstiegs erst zur einen Seite 6 (10) M aus den Rdm aufnehmen und 7 (11) R glatt rechts str. In der 8. (12.) R die M abnehmen. Danach mit der anderen Seite ebenso verfahren.
Die Ohren in Weiß mit einigen Stichen fixieren. Für die Punkte nach Belieben alle 1-3 cm 1 M in Schwarz aus der Filzwolle nachsticken.

Waschen

Bei 40 °C in der Waschmaschine 1x waschen (siehe Allgemeine Erklärungen).

Fertigstellen

Die Augen und die Pompons als Nasen mit Sticktwist festnähen. Unterhalb der Nasen die Schnauzen mit Sticktwist in Schwarz und Rot aufsticken.

Frösche

→ verzauberte Prinzen?

GRÖSSE
33 (42)

MATERIAL

- Anchor Wash+ Filz-it! in Grün (Fb 16), 150 g (200 g) und Rot (Fb 19), Rest
- Sticktwist in Schwarz und Rot
- 2 Filzkugeln in Weiß, ø 2 cm (2,5 cm)
- Rundstricknadel Nr. 8
- Nadelspiel Nr. 8
- Häkelnadel Nr. 5
- Sticknadel
- Schere

Hinweis: Die Angaben für die 2. Größe stehen in Klammern. Ist nur eine Zahl angegeben, gilt sie für beide Größen.

Anleitung

28 (36) M in Grün anschlagen und 27 (35) R glatt rechts mit der Rundstricknd str. Nun alle M auf das Ndspiel verteilen, dabei nach der 1. M und vor der letzten M je 1 M zunehmen. Es sind nun 1x 8 M, 2x 7 M, 1x 8 M (1x 10 M, 2x 9 M, 1x 10 M) auf den Nd. Anschließend 22 (31) Rd in Grün str.
Für die Spitze jeweils die ersten 2 M jeder Nd rechts zusstr, bis auf jeder Nd noch 2 M übrig sind. Den Faden abschneiden, mit der Häkelnd die restlichen 8 M zusziehen und innen fest vernähen. Die Fersennaht in Grün mit der Häkelnd schließen. Alle Fadenenden innen sauber vernähen.
Den zweiten Schuh ebenso fertigen.

Für den Mund mit der Häkelnd je 2x 15 (22) Lm in Rot in der Hinr häkeln. In die Lm 15 (22) fM in der Rückr häkeln. Die Fadenenden vernähen.

Waschen

Bei 40 °C in der Waschmaschine 1x waschen (siehe Allgemeine Erklärungen).

Fertigstellen

Für die Augen die Filzkugeln mit einer Schere halbieren und mit dem schwarzen Sticktwist als Pupille auf dem Spann festnähen. Die Nasenlöcher in Schwarz aufsticken. Den Mund mit Sticktwist in Rot um die vordere Kuppe annähen.

Tigerkrallen

→ pack den Tiger in den Schrank

GRÖSSE
25 (43)

MATERIAL

- Anchor Wash+ Filz-it! in Mango (Fb 04), 100 g (200 g), Weiß (Fb 02), Schoko (Fb 03) und Schwarz (Fb 01), je 50 g
- Rundstricknadel Nr. 8
- Nadelspiel Nr. 8
- Häkelnadel Nr. 5
- Sticknadel
- Schere

Hinweis: Die Angaben für die 2. Größe stehen in Klammern. Ist nur eine Zahl angegeben, gilt sie für beide Größen.

Anleitung

22 (36) M in Gelb anschlagen und 6 (7) R glatt rechts mit der Rundstricknd str. Anschließend je 1 (2) R in Schoko und in Schwarz glatt rechts str. Danach 3 (3) R in Mango str. Den Farbwechsel Mango, Schoko, Schwarz wdh, bis insgesamt 21 (37) R gestrickt sind.
Nun alle M auf das Ndspiel verteilen, dabei nach der 1. M und vor der letzten M je 1 M zunehmen. Es sind nun 4x 6 M (1x 10 M, 2x 9 M, 1x 10 M) auf jeder Nd. Den Farbwechsel auf dem Ndspiel fortsetzen, bis insgesamt 20 (31) Rd gestrickt sind.
Für die Spitze in Weiß jeweils die ersten 2 M jeder Nd rechts zusstr, bis auf jeder Nd noch 2 M übrig sind. Den Faden abschneiden, mit der Häkelnd die restlichen 8 M zusziehen und innen fest vernähen.
Die Fersennaht in Mango mit der Häkelnd schließen. Alle Fadenenden innen sauber vernähen.
Den zweiten Schuh ebenso fertigen.

Vor dem Waschen für die Krallen mit der Häkelnd je 10x 5 (7) Lm in Schwarz in der Hinr häkeln. In die Lm 5 (7) fM in der Rückr häkeln. Mit den Fadenenden die Krallen am Grundmodell an der Spitze festnähen.

Waschen

Bei 40 °C in der Waschmaschine 1x waschen (siehe Allgemeine Erklärungen).

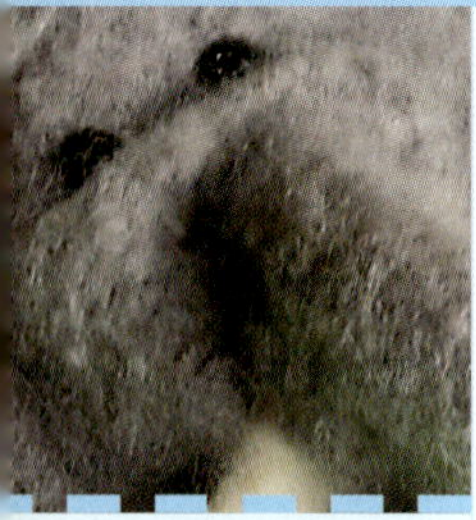

Elefanten

→ mächtige Leisetreter

GRÖSSE
28 (45)

MATERIAL
- Anchor Wash+ Filz-it! in Grau (Fb 15), 100 g (250 g) und Weiss (Fb 02), Rest
- Perlen-Pen in Schwarz
- Rundstricknadel Nr. 8
- Nadelspiel Nr. 8
- Häkelnadel Nr. 5
- Sticknadel
- Schere

Hinweis: Die Angaben für die 2. Größe stehen in Klammern. Ist nur eine Zahl angegeben, gilt sie für beide Größen.

Anleitung

24 (38) M in Grau anschlagen und 23 (37) R glatt rechts mit der Rundstricknd str. Nun alle M auf das Ndspiel verteilen, dabei nach der 1. M und vor der letzten M je 1 M zunehmen. Es sind nun 1x 7 M, 2x 6 M, 1x 7 M (4x 10 M) auf den Nd. Anschließend 21 (34) Rd in Grau str.
Für die Spitze jeweils die ersten 2 M jeder Nd rechts zusstr, bis auf jeder Nd noch 2 M übrig sind. Den Faden abschneiden, mit der Häkelnd die restlichen 8 M zusziehen und innen fest vernähen. Die Fersennaht in Grau mit der Häkelnd schließen. Alle Fadenenden innen sauber vernähen.
Den zweiten Schuh ebenso fertigen.

Vor dem Waschen für die Ohren in der vorderen Mitte des Einstiegs erst zur einen Seite 6 (10) M aus den Rdm aufnehmen und 7 (11) R glatt rechts str. In der 8. (12.) R die M abnehmen. Danach mit der anderen Seite ebenso verfahren. Die Ohren in Grau mit einigen Stichen fixieren.

Für den Rüssel je 2x 6 (10) M anschlagen und 22 (28) R glatt rechts str. Den Rüssel der Länge nach auf die Hälfte falten und bis auf ca. 1,5 (2) cm in Grau zusammennähen. Den Rüssel auf dem Hausschuh in Grau am oberen, nicht zusammengenähten Ende, in quadratischer Form festnähen.
Für die Stoßzähne je 2x 16 (20) Lm mit der Häkelnd in Weiß in der Hinr häkeln. In die Lm 15 (22) fM in der Rückr häkeln. Die Zähne unterhalb des Rüssels in Weiß festnähen.

Waschen

Bei 40 °C in der Waschmaschine 1x waschen (siehe Allgemeine Erklärungen).

Fertigstellen

Für die Augen 2 dicke schwarze Punkte mit dem Perlen-Pen aufbringen.

Tipp: Um den Rüssel faltiger erscheinen zu lassen, vor dem Nähen die linke Seite nach außen falten (siehe Vorher-Nachher-Foto in den Allgemeinen Erklärungen).

Prinzessinnen

→ das Schuhwerk für Eure Majestät!

GRÖSSE
30 (40)

MATERIAL
- Anchor Wash+ Filz-it! in Rosé (Fb 10), 150 g (50 g) und Pink (Fb 11), 50 g (200 g)
- Filz in Pink (Rosa), 1 mm stark
- Paint Glimmer in Pink und Silber
- Textilkleber
- Rundstricknadel Nr. 8
- Nadelspiel Nr. 8
- Häkelnadel Nr. 5
- Sticknadel
- Schere

VORLAGE SEITE 36

Hinweis: Die Angaben für die 2. Größe stehen in Klammern. Ist nur eine Zahl angegeben, gilt sie für beide Größen.

Anleitung

26 (34) M in Rosé (Pink) anschlagen und 25 (33) R glatt rechts mit der Rundstricknd str. Nun alle M auf das Ndspiel verteilen, dabei nach der 1. M und vor der letzten M je 1 M zunehmen. Es sind nun 4x 7 M (4x 9 M) auf den Nd. Anschließend 21 (30) Rd in Rosé (Pink) str.
Für die Spitze jeweils die ersten 2 M jeder Nd rechts zusstr, bis auf jeder Nd noch 2 M übrig sind. Den Faden abschneiden, mit der Häkelnd die restlichen 8 M zusziehen und innen fest vernähen. Die Fersennaht in Rosé (Pink) mit der Häkelnd schließen. Alle Fadenenden innen sauber vernähen. Den zweiten Schuh ebenso fertigen.

Vor dem Waschen für den Kräuselrand in Pink (Rosé) 4x 12 M (4x 16 M) aus den Rdm auf das Ndspiel aufnehmen. Eine Rd glatt rechts str. In der 2. Rd nach jeder M 1 M zunehmen, bis 4x 24 M (4x 32 M) auf den Nd sind. 4 (7) Rd glatt rechts str. In der 5. (8.) Rd M abketten.

Waschen

Bei 40 °C in der Waschmaschine 1x waschen (siehe Allgemeine Erklärungen).

Fertigstellen

Aus Filz in Pink (Rosé) eine Krone (nach Vorlage) ausschneiden, mit dem Textilkleber auf den Spann kleben und mit dem Paint Glimmer in Pink die Konturen umranden. Nach Wunsch noch Streifen und Punkte aufbringen. Mit Silber die Kronenspitzen verzieren.

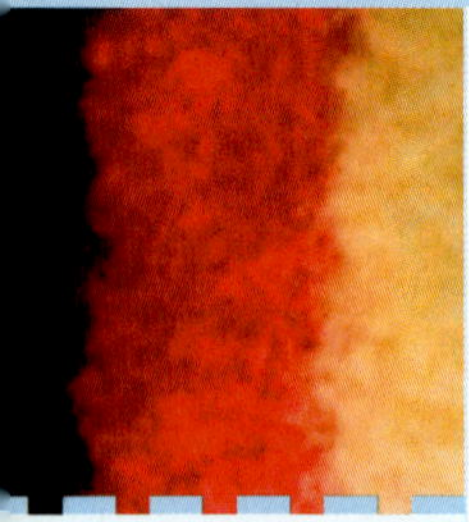

Fußball

→ Abseits, Elfmeter oder Freistoß

GRÖSSE
27 (43)

MATERIAL

- Anchor Wash+ Filz-it! in Grün (Fb 16), 100 g (200 g), Schwarz (Fb 01), Rot (Fb 19) und Mango (Fb 04), je 50 g
- Filzkugel in Weiß, ø 2 cm (2,5 cm)
- Sticktwist in Schwarz
- Plusterfarbe in Weiß
- Perlen-Pen in Schwarz
- Textilkleber
- Rundstricknadel Nr. 8
- Nadelspiel Nr. 8
- Häkelnadel Nr. 5
- Sticknadel
- Schere

Hinweis: Die Angaben für die 2. Größe stehen in Klammern. Ist nur eine Zahl angegeben, gilt sie für beide Größen.

Anleitung

22 (36) M in Grün anschlagen und 9 (15) R glatt rechts mit der Rundstricknd str. Anschließend je 3 (6) R in Mango, in Rot und in Schwarz glatt rechts str. Anschließend in Grün nochmals 3 (4) R glatt rechts mit der Rundstrickndstr.
Nun alle M auf das Ndspiel verteilen, dabei nach der 1. M und vor der letzten M je 1 M zunehmen. Es sind nun 4x 6 M (1x 10 M, 2x 9 M, 1x 10 M) auf jeder Nd. Anschließend 20 (31) Rd in Grün str.
Für die Spitze jeweils die ersten 2 M jeder Nd rechts zusstr, bis auf jeder Nd noch 2 M übrig sind. Den Faden abschneiden, mit der Häkelnd die restlichen 8 M zusziehen und innen fest vernähen.
Die Fersennaht in Grün mit der Häkelnd schließen. Alle Fadenenden innen sauber vernähen.
Den zweiten Schuh ebenso fertigen.

Waschen

Bei 40 °C in der Waschmaschine 1x waschen (siehe Allgemeine Erklärungen).

Fertigstellen

Für das Spielfeld mit der Plusterfarbe in Weiß quer über den Vorderfuß die Mittellinie ziehen. Auf der Hälfte den Mittelkreis auftragen und lt. Beschreibung im Backofen bis zum gewünschten Effekt aufplustern. Für den Ball die Filzkugel halbieren und je eine Hälfte mit dem Sticktwist auf dem Spielfeld festnähen. Die Punkte auf dem Ball mit dem Perlen-Pen in Schwarz aufmalen.

Tipp: Bekleben Sie die Filzhalbkugeln von hinten mit einem Klettpunkt, dann können Sie den Ball auf dem Spielfeld fixieren, wo sie möchten.

Löwen

→ gut gebrüllt, Löwe!

GRÖSSE
26 (46)

MATERIAL

- Anchor Wash+ Filz-it! in Mango (Fb 04), 100 g (250 g)
- Schachenmayr Boston in Schoko (Fb 10), Leder (Fb 11), Sienna (Fb 27) und Bisquit-Color (Fb 1484), je 50 g
- Filz in Wollweiß, 4 mm stark
- Filz in Schwarz, 1 mm stark
- Perlen-Pen in Schwarz
- Textilkleber
- Rundstricknadel Nr. 8
- Nadelspiel Nr. 8
- Häkelnadel Nr. 5
- Sticknadel
- Schere

VORLAGE SEITE 37

Hinweis: Die Angaben für die 2. Größe stehen in Klammern. Ist nur eine Zahl angegeben, gilt sie für beide Größen.

Anleitung

22 (38) M in Mango anschlagen und 23 (39) R glatt rechts mit der Rundstricknd str. Nun alle M auf das Ndspiel verteilen, dabei nach der 1. M und vor der letzten M je 1 M zunehmen. Es sind nun 4x 6 M (4x 10 M) auf den Nd. Anschließend 19 (34) Rd in Mango str.
Für die Spitze jeweils die ersten 2 M jeder Nd rechts zusstr, bis auf jeder Nd noch 2 M übrig sind. Den Faden abschneiden, mit der Häkelnd die restlichen 8 M zusziehen und innen fest vernähen.
Die Fersennaht in Mango mit der Häkelnd schließen. Alle Fadenenden innen sauber vernähen. Den zweiten Schuh ebenso fertigen.
Vor dem Waschen für die Mähne aus dem Baumwollgarn in allen Farben ca. 10 cm lange Fäden schneiden. Die Fäden einzeln der Länge nach zu Schlaufen legen und rund um den Vorderfuß kreisförmig in die Maschen einknüpfen. Ca. 3 Fäden nebeneinander knüpfen und beliebig die Farben wechseln. In der Waschmaschine öffnen sich die einzelnen Kordelfasern.

Waschen

Bei 40 °C in der Waschmaschine 1x waschen (siehe Allgemeine Erklärungen).

Fertigstellen

Für die Schnauze aus dem 4 mm starken Filz in Wollweiß nach Vorlage die Lefzen ausschneiden. Für die Nase 1 mm starken Filz in Schwarz nach Vorlage ausschneiden. Mit dem Perlen-Pen in Schwarz die Augen, die angedeuteten Schnurrhaare und den Mittelsteg zwischen den Lefzen auftragen. Die Schnauze mit Textilkleber fixieren.

Mäuse und Katzen

→ bloß nicht erwischt werden!

GRÖSSE
22 (38)

MATERIAL
- Anchor Wash+ Filz-it! in Grau (Fb 15), 100 g und Schwarz (Fb 01), 200 g
- Filz in Schwarz, Weiß, Grau und Rosa (Schwarz, Gelb und Rosa), 1 mm stark
- Filz in Schwarz, 4 mm stark
- Sticktwist in Schwarz (Rosa)
- Perlen-Pen in Schwarz
- Textilkleber
- Rundstricknadel Nr. 8
- Nadelspiel Nr. 8
- Häkelnadel Nr. 5
- Sticknadel
- Schere

VORLAGE SEITE 37

Hinweis: Die Angaben für die 2. Größe stehen in Klammern. Ist nur eine Zahl angegeben, gilt sie für beide Größen.

Anleitung

18 (32) M in Grau (Schwarz) anschlagen und 21 (31) R glatt rechts mit der Rundstricknd str. Nun alle M auf das Ndspiel verteilen, dabei nach der 1. M und vor der letzten M je 1 M zunehmen. Es sind nun 4x 5 M (1x 9 M, 2x 8 M, 1x 9 M) auf den Nd. Anschließend 14 (27) Rd in Grau (Schwarz) str.
Für die Spitze jeweils die ersten 2 M jeder Nd rechts zusstr, bis auf jeder Nd noch 2 M übrig sind. Den Faden abschneiden, mit der Häkelnd die restlichen 8 M zusziehen und innen fest vernähen.
Die Fersennaht in Grau (Schwarz) mit der Häkelnd schließen. Alle Fadenenden innen sauber vernähen.
Den zweiten Schuh ebenso fertigen.

Waschen

Bei 40 °C in der Waschmaschine 1x waschen (siehe Allgemeine Erklärungen).

Fertigstellen

Für die Mausohren aus dem 1 mm starken Filz 4 Kreise in Rosa, ø 2,5 cm, und 4 Kreise in Grau, ø 4 cm, ausschneiden. Mit Textilkleber (nach Vorlage) aufeinanderkleben und ein Viertel ausschneiden. Die Schnittkanten aufeinanderlegen und die geformten Ohren am Einstieg rechts und links festnähen.
Für die Augen 2 dicke schwarze Punkte mit dem Perlen-Pen aufbringen.
Für die Nase aus dem 1 mm starken Filz in Schwarz ein ovales Stück, ø ca. 1,5 cm, ausschneiden und aufkleben.
Die Zähnchen in Weiß ausschneiden und aufkleben. Die Schnurrhaare mit Sticktwist in Schwarz aufsticken.
Für das Schwänzchen mit der Häkelnd 30 Lm in Grau in der Hinr häkeln. In die Lm 30 fM in der Rückr häkeln. Mit dem Fadenende das Schwänzchen am Grundmodell an der Ferse und seitlich noch einmal mit einem Stich festnähen.
Für die Katze aus dem 4 mm starken Filz in Schwarz 4 Ohren (nach Vorlage) ausschneiden. Die Schnittkanten aufeinanderlegen und die geformten Ohren am Einstieg rechts und links festnähen. Die Augen und Pupillen (nach Vorlage) aus dem 1 mm starken Filz in Gelb bzw. Schwarz zuschneiden und aufkleben. Für die Nase aus dem 1 mm starken Filz in Rosa ein dreieckiges Stück, ca. 1,5 cm breit, ausschneiden, die Ecken abrunden und aufkleben. Die Schnurrhaare mit Sticktwist in Rosa aufsticken.

Clownfische

→ auf dem Trockenen

GRÖSSE
25

MATERIAL

- Anchor Wash+ Filz-it! in Sienna (Fb 05), 200 g, Schwarz (Fb 01) und Weiß (Fb 02), je 50 g
- 2 Filzkugeln in Weiß, ø 2 cm
- Filz in Orange, 4 mm stark
- Sticktwist in Schwarz
- Perlen-Pen in Schwarz
- Rundstricknadel Nr. 8
- Nadelspiel Nr. 8
- Häkelnadel Nr. 5
- Sticknadel
- Schere

VORLAGE SEITE 37

Anleitung

22 M in Sienna anschlagen und 7 R glatt rechts mit der Rundstricknd str. Anschließend je 1 R in Schwarz, 2 R in Weiß und 1 R in Schwarz str. Fortlaufend wdh bis zur 18. R in Sienna, danach wieder je 1 R in Schwarz, 2 R in Weiß str. Nun alle M auf das Ndspiel verteilen, dabei nach der 1. M und vor der letzten M je 1 M zunehmen. Es sind nun 4x 6 M auf jeder Nd. 3 Rd in Weiß, 1 Rd in Schwarz str.
7 Rd in Sienna, anschließend je 1 Rd in Schwarz, 2 Rd in Weiß und 1 Rd in Schwarz str. In Sienna bis zur 20. Rd weiterstr.
Für die Spitze jeweils die ersten 2 M jeder Nd rechts zusstr, bis auf jeder Nd noch 2 M übrig sind. Den Faden abschneiden, mit der Häkelnd die restlichen 8 M zusziehen und innen fest vernähen. Die Fersennaht in Orange mit der Häkelnd schließen. Alle Fadenenden innen sauber vernähen.
Den zweiten Schuh ebenso fertigen.

Vor dem Waschen mit der Häkelnd für die Schwanzflosse rund um die Fersennaht 2 Rd fM häkeln. Für die Kelchform 2 Rd fM + 1 Lm nach jeder fM arbeiten. Nun wieder 2 Rd nur fM, dann 2 Rd fM + 1 Lm nach jeder fM häkeln. Anschließend je 1 Rd fM in Sienna, anschließend in Schwarz häkeln. Abschließend nochmals 1 Rd fM + 1 Lm in Weiß arbeiten.

Waschen

Bei 40 °C in der Waschmaschine 1x waschen (siehe Allgemeine Erklärungen).

Fertigstellen

Den Mund mit Sticktwist in Schwarz aufsticken.
Für die Augen die Filzkugeln mit einer Schere halbieren und mit dem Sticktwist als Pupille auf dem Spann festnähen. Mit dem Perlen-Pen die Pupillen vergrößern. Die Seitenflossen (nach Vorlage) aus dem Filz in Sienna ausschneiden und seitlich mit dem Sticktwist fixieren.

Piraten

→ fertig zum Entern!

GRÖSSE
32

MATERIAL
- Anchor Wash+ Filz-it! in Schwarz (Fb 01), 150 g
- Filz in Weiß und Rot, 1 mm stark
- evtl. Halstuch mit Piratenmotiv
- Textilkleber
- Rundstricknadel Nr. 8
- Nadelspiel Nr. 8
- Häkelnadel Nr. 5
- Sticknadel
- Schere

VORLAGE SEITE 36

Anleitung

28 M in Schwarz anschlagen und 27 R glatt rechts mit der Rundstrickned str. Nun alle M auf das Ndspiel verteilen, dabei nach der 1. M und vor der letzten M je 1 M zunehmen. Es sind nun 1x 8 M, 2x 7 M, 1x 8 M auf den Nd. Anschließend 21 Rd in Schwarz str.
Für die Spitze jeweils die ersten 2 M jeder Nd rechts zusstr, bis auf jeder Nd noch 2 M übrig sind. Den Faden abschneiden, mit der Häkelnd die restlichen 8 M zusziehen und innen fest vernähen. Die Fersennaht in Schwarz mit der Häkelnd schließen. Alle Fadenenden innen sauber vernähen.
Den zweiten Schuh ebenso fertigen.

Waschen

Bei 40 °C in der Waschmaschine 1x waschen (siehe Allgemeine Erklärungen).

Fertigstellen

Aus dem Filz je 2x den Totenkopf in Weiß und das Kopftuch in Rot nach Vorlage ausschneiden und mit dem Textilkleber auf den Spann kleben.

Tipp: Lustig sind kleine Piraten-Flaggen an der Ferse, gefertigt aus einem bedruckten Halstuch.

Zwerge

→ wer hat von meinem Tellerchen gegessen?

GRÖSSE
29

MATERIAL

- Anchor Wash+ Filz-it! in Schoko (Fb 03), Grün (Fb 16), Mango (Fb 04), Beige (Fb 14) und Rot (Fb 19), je 50 g
- Schachenmayr Brazilia Lungo in Nougat (Fb 210), Reste
- Sticktwist in Rot
- Perlen-Pen in Schwarz
- Rundstricknadel Nr. 8
- Nadelspiel Nr. 8
- Häkelnadel Nr. 5
- Sticknadel
- Schere

Anleitung

26 M in Schoko anschlagen und 6 R glatt rechts für die Schuhe mit der Rundstricknd str. Anschließend 14 R in Grün für die Hose und 5 R in Mango für das Oberteil glatt rechts str. Nun alle M auf das Ndspiel verteilen, dabei nach der 1. M und vor der letzten M je 1 M zunehmen. Es sind nun 4x 7 M auf jeder Nd. 8 Rd in Mango str, danach für das Gesicht 5 Rd in Beige str. Für die Haare 2 Rd in Beige mit Brazilia Lungo als Beilauffaden str.
Für die Mütze zunächst 5 Rd in Rot str. Dann für den Zipfel jeweils die ersten 2 M jeder Nd rechts zusstr, bis auf jeder Nd noch 3 M übrig sind. 4 Rd mit 3 M pro Nd str. Anschließend die ersten 2 M jeder Nd rechts zusstr, bis auf jeder Nd noch 2 M übrig sind.
4 Rd mit 2 M pro Nd str. Den Faden abschneiden, mit der Häkelnd die restlichen 8 M zusziehen und fest verknoten. Das Fadenende der Mütze nicht abschneiden, sondern ca. 3 cm lang stehen lassen und mitverfilzen lassen.
Die Fersennaht in Braun mit der Häkelnd schließen. Alle Fadenenden innen sauber vernähen.
Den zweiten Schuh ebenso fertigen.

Waschen

Bei 40 °C in der Waschmaschine 1x waschen (siehe Allgemeine Erklärungen).

Fertigstellen

Für die Augen 2 dicke schwarze Punkte mit dem Perlen-Pen aufbringen.
Den Mund mit Sticktwist in Rot aufsticken.

Primaballerina

→ tanzen wie eine Fee

GRÖSSE
39

MATERIAL
- Anchor Wash+ Filz-it! in Rosé (Fb 10), 200 g
- Satin-Schnürsenkel in Rosa, ca. 1,4 cm breit, ca. 1 m lang
- Rundstricknadel Nr. 8
- Nadelspiel Nr. 8
- Häkelnadel Nr. 5
- Sticknadel
- Schere

Anleitung

32 M in Rosé anschlagen und 43 R glatt rechts mit der Rundstricknd str. Anschließend alle M auf das Ndspiel verteilen. Es sind nun 4x 8 M auf den Nd.
Für die Spitze in der 51. R jeweils die ersten 2 M jeder Nd rechts zusstr, bis auf jeder Nd noch 7 M übrig sind. 3 Rd mit 7 M str. Dann wieder jeweils die ersten 2 M jeder Nd rechts zusstr, bis auf jeder Nd noch 6 M übrig sind. 2 Rd mit 6 M str. Anschließend nochmals die ersten 2 M jeder Nd rechts zusstr, bis auf jeder Nd noch 5 M übrig sind. 2 Rd mit 5 M str.
Den Faden abschneiden, mit der Häkelnd die restlichen 20 M zusziehen und innen fest vernähen. Die Fersennaht in Rosé mit der Häkelnd schließen. Alle Fadenenden innen sauber vernähen.
Den zweiten Schuh ebenso fertigen.

Waschen

Bei 40 °C in der Waschmaschine 1x waschen (siehe Allgemeine Erklärungen).

Fertigstellen

Für den Satin-Schnürsenkel mit der Stricknadel Nr. 8 2x 3 Löcher in den noch nassen Schuh stechen.

Tipp: Stellen Sie nach dem Waschen ein schweres Glas in die Schuhspitze und lassen Sie den Schuh stehend trocknen. So erhalten Sie eine flache Ballerina-Spitze.

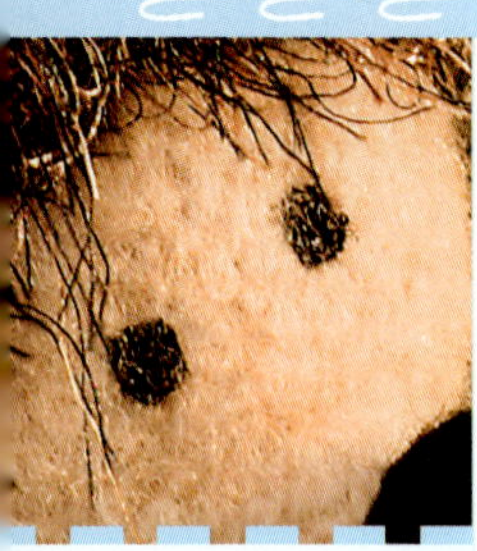

Igel

→ kommen auch ohne Winterschlaf aus

GRÖSSE
43

MATERIAL
- Anchor Wash+ Filz-it! in Beige (Fb 14), 200 g
- Schachenmayr Brazilia Lungo in Kamel-Schwarz (Fb 212), 50 g
- 2 Filzkugeln in Schwarz, ø 2 cm
- Sticktwist in Schwarz
- Perlen-Pen in Schwarz
- Rundstricknadel Nr. 8
- Nadelspiel Nr. 8
- Häkelnadel Nr. 5
- Sticknadel
- Schere

Anleitung

16 M in Beige anschlagen und 2 R glatt rechts mit der Rundstricknd str, dabei in der Hinr rechte M und in der Rückr linke M str. In der nächsten Hinr nach der 1. M und vor der letzten M je 1 M zunehmen. 1 Rückr str. In der nächsten Hinr nach der 1. M und vor der letzten M je 1 M zunehmen. 1 Rückr str. Es befinden sich jetzt 20 M auf der Rundstricknd. Bis R 21 (Rückr) str.
Ab der 22. R in jeder Hinr nach der 1. M und vor der letzten M je 1 M zunehmen, bis 36 M erreicht sind. Weiter glatt rechts str, bis zur 37. R (Rückr).
Nun alle M auf das Ndspiel verteilen, dabei nach der 1. M und vor der letzten M je 1 M zunehmen. Es sind nun 1x 10 M, 2x 9 M, 1x 10 M auf den Nd. Anschließend 31 Rd in Beige str.
Für die Spitze jeweils die ersten 2 M jeder Nd rechts zusstr, bis auf jeder Nd noch 4 M übrig sind. 2 Rd mit 4 M je Nd str. Wieder die ersten 2 M jeder Nd rechts zusstr, bis auf jeder Nd noch 3 M übrig sind. Weitere 2 Rd mit 3 M pro Nd str. Anschließend wieder die ersten 2 M jeder Nd rechts zusstr, bis auf jeder Nd noch 2 M übrig sind. Weitere 2 Rd mit 2 M pro Nd str.
Den Faden abschneiden, mit der Häkelnd die restlichen 8 M zusziehen und innen fest vernähen. Die Fersennaht in Beige mit der Häkelnd schließen. Alle Fadenenden innen sauber vernähen.
Den zweiten Schuh ebenso fertigen.

Waschen

Bei 40 °C in der Waschmaschine 1x waschen (siehe Allgemeine Erklärungen).

Fertigstellen

20 M Brazilia Lungo in Kamel-Schwarz anschlagen und mit der Rundstricknd Nr. 8 20 R glatt rechts str. M abnehmen. Das so entstandene Woll-Läppchen rundherum auf den oberen Spann nähen. Hierzu die Spitze für das Gesicht aussparen und die Naht direkt um den Einstieg legen.
Für die Augen 2 dicke schwarze Punkte mit dem Perlen-Pen aufbringen.
Die Filzkugel als Nase mit Sticktwist in Schwarz annähen.

Erdbeeren

→ für süße Früchtchen

GRÖSSE
Schuhe 31
Täschchen 10 cm hoch, 6 cm breit (oben), 18 cm breit (unten), 14 cm tief

MATERIAL
- Rundstricknadel Nr. 8
- Nadelspiel Nr. 8
- Häkelnadel Nr. 5
- Sticknadel
- Schere

SCHUHE
- Anchor Wash+ Filz-it! in Rot (Fb 19), 150 g, Grün (Fb 16), 50 g und Mango (Fb 04), Reste

TÄSCHCHEN
- Anchor Wash+ Filz-it! in Rot (Fb 19), 100 g, Grün (Fb 16), 50 g und Mango (Fb 04), Reste
- Sticktwist in Rot
- Filzkugel in Rot, ø 2,5 cm

Schuhe

28 M in Rot anschlagen und 25 R glatt rechts mit der Rundstricknd str. Nun alle M auf das Ndspiel verteilen, dabei nach der 1. M und vor der letzten M je 1 M zunehmen. Es sind nun 1x 8 M, 2x 7 M, 1x 8 M auf den Nd. Anschließend 22 Rd in Rot str.
Für die Spitze jeweils die ersten 2 M jeder Nd rechts zusstr, bis auf jeder Nd noch 2 M übrig sind. Den Faden abschneiden, mit der Häkelnd die restlichen 8 M zusziehen und innen fest vernähen.
Die Fersennaht in Rot mit der Häkelnd schließen. Alle Fadenenden innen sauber vernähen.
Den zweiten Schuh ebenso fertigen.

Vor dem Waschen für den Kräuselrand in Grün 4x 12 M aus den Rdm auf das Ndspiel aufnehmen. Eine Rd glatt rechts str. In der 2. Rd nach jeder M 1 M zunehmen, bis 4x 24 M auf den Nd sind. 5 Rd glatt rechts str. In der 6. Rd M abnehmen.
Für die gelben Pünktchen nach Belieben alle 2–3 cm flächendeckend 1 M in Mango nachsticken.

Waschen

Bei 40 °C in der Waschmaschine 1x waschen (siehe Allgemeine Erklärungen).

Täschchen

60 M in Rot anschlagen und auf das Ndspiel verteilen. 4 Rd glatt rechts str. In der 5. Rd bei jeder Nd nach der 1. M und vor der letzten M je 1 M zunehmen, bis auf jeder Nd 17 M sind. In der 7. Rd die Zunahme der M wdh, bis auf jeder Nd 19 M sind. 10 Rd glatt rechts str. In Rd 18 bei jeder Nd die ersten und letzten 2 M zusstr, bis auf jeder Nd 17 M sind. In Rd 20 die Abnahme der M wdh, bis auf jeder Nd 15 M sind. 4 Rd glatt rechts str.
Für die Spitze jeweils die ersten 2 M jeder Nd rechts zusstr, bis auf jeder Nd noch 2 M übrig sind. Den Faden abschneiden, mit der Häkelnd die restlichen 8 M zusziehen und innen fest vernähen. Für die Punkte nach Belieben auf der Beere alle 3-4 cm flächendeckend 1 M in Mango nachsticken.
Für den Deckel 60 M in Grün anschlagen und auf das Ndspiel verteilen. 3 Rd glatt rechts str. Ab Rd 4 bei jeder Nd die ersten 2 M zusstr, bis auf jeder Nd noch 12 M übrig sind. Ab dann bei

jeder Nd die ersten und letzten 2 M zusstr, bis auf jeder Nd noch 4 M übrig sind. Nun wieder nur die ersten 2 M zusstr, bis auf jeder Nd noch 2 M übrig sind. Den Faden abschneiden, mit der Häkelnd die restlichen 8 M zusziehen und innen fest vernähen.

Mit der Häkelnd in Grün den Deckel an 2 von 4 Seiten an der Beere mit fM festhäkeln und die anderen 2 Seiten mit fM für einen sauberen Abschluss umhäkeln. Für den Henkel mit der Häkelnd 90 Lm in Mango in der Hinr häkeln. In die Lm 90 Stb in der Rückr häkeln. Die Fadenenden vernähen. Für den Verschluss mit der Häkelnd 15 Lm in Grün in der Hinr häkeln. In die Lm 15 fM in der Rückr häkeln. Die Fadenenden vernähen.

Waschen

Bei 40 °C in der Waschmaschine 1x waschen (siehe Allgemeine Erklärungen).

Fertigstellen

Den Henkel rechts und links neben der Öffnung und die Filzkugel vorne mittig mit Sticktwist in Rot an der Beere festnähen. Den Verschluss in Grün als Schlaufe für die Filzkugel am Deckel festnähen.

WEITERFÜHRUNG
Erdbeeren

IMPRESSUM

FOTOS: frechverlag GmbH, 70499 Stuttgart; lichtpunkt, Michael Ruder, Stuttgart
DRUCK: frechdruck GmbH, 70499 Stuttgart

Auflage: 5. 4. 3. 2. 1.
Jahr: 2012 2011 2010 2009 2008 [Letzte Zahlen maßgebend]

ISBN 978-3-7724-6654-0
Best.-Nr. 6654